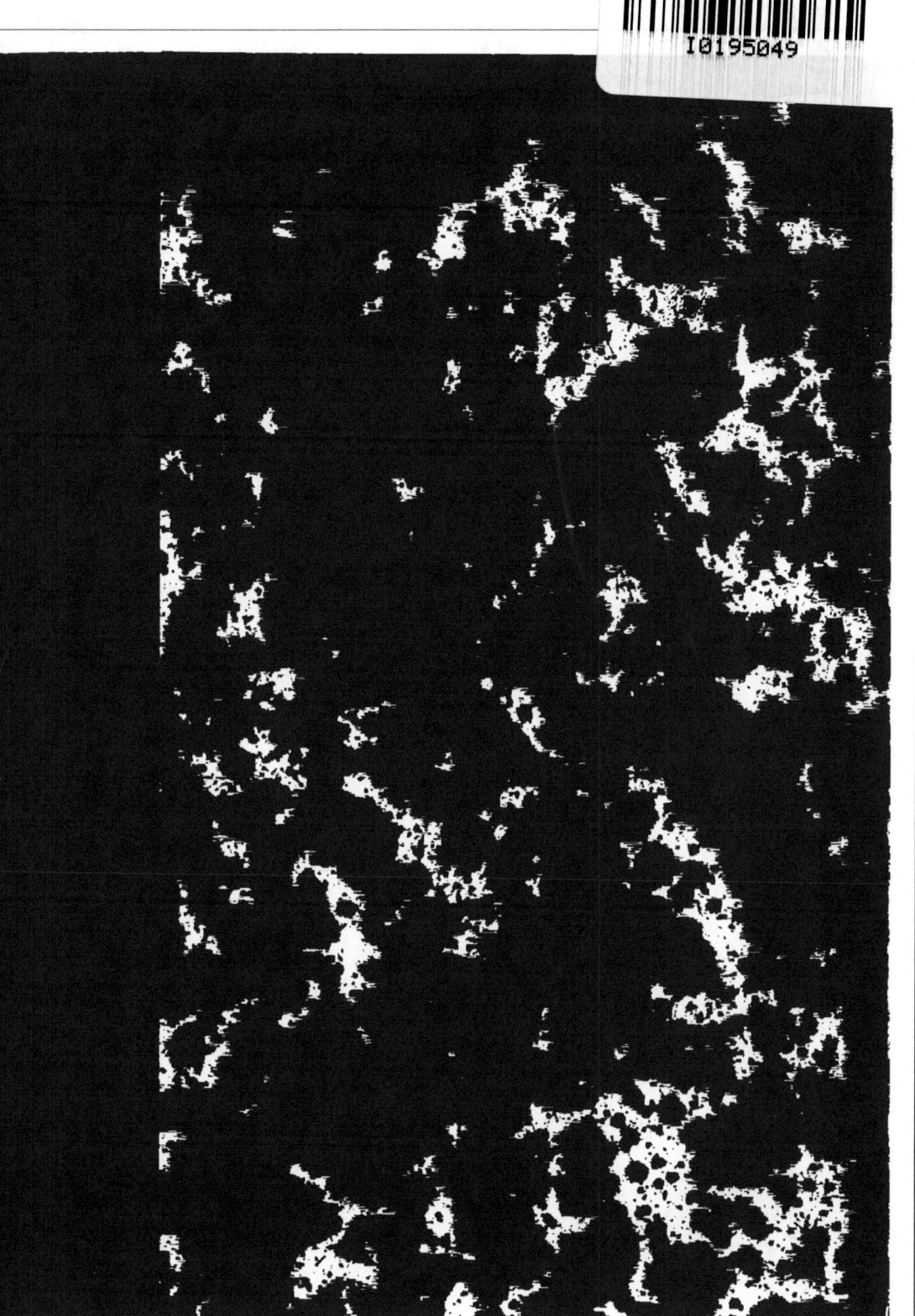

Lb 42 ~~833~~ 1102

FÊTE DU DIX AOUT.

EXTRAIT DES REGISTRES DES ARRÊTÉS ET DÉLIBÉRATIONS DE L'ADMINISTRATION CENTRALE DU DÉPARTEMENT DU DOUBS.

AUJOURD'HUI, 23 thermidor, l'an IVe. de la République françaife, une & indivifible, à dix heures du matin, les membres de l'Adminiftration centrale du Département du Doubs fe font rendus en coftume dans la falle décadaire de la Commune de Befançon, pour y célébrer, en exécution de l'arrêté du Directoire exécutif du 13 de ce mois, la Fête du dix août. Toutes les Autorités civiles & militaires, & tous les Fonctionnaires publics s'y étant réunis enfuite de la proclamation de l'Adminiftration municipale du Canton de Befançon, du 20 du même mois, l'ouverture de la Fête

A

a été faite par une musique guerrière, qui a exécuté différens morceaux analogues à la cérémonie. Le cortège s'est ensuite formé de la manière indiquée par la proclamation, & s'est rendu, précédé d'un détachement de la Garde nationale sédentaire & de celle en activité, sur la place de la Loi, auprès de l'arbre de la Liberté; là, le citoyen RAMBOUR, Président de l'Administration départementale, est monté sur l'estrade qui y étoit préparée, & a prononcé le discours suivant.

CITOYENS,

CE fut en ce jour, au moment où je parle, que le Peuple français, trop long-temps la victime d'une cour corrompue, donna à l'Europe étonnée, la leçon terrible, qui fit trembler ses rois, & leur apprit enfin, qu'en conspirant sans cesse contre la sureté & le bonheur des hommes, ils creusent eux-mêmes l'abîme où se perdent sans retour leur puissance usurpée & leur affreuse mémoire. Tel est le sort des oppresseurs de la terre, & c'est celui que nous réservons encore aux tyrans qui voudroient les imiter. Oui, c'est ce sentiment, profondément gravé dans mon cœur, qui m'amène à cette tribune; & je rends graces au Directoire exécutif de m'avoir confié l'honorable miſſion, de dérouler aux yeux de mes Concitoyens la liſte abrégée de tous les forfaits qui ont provoqué la chute du trône. Journée mémorable du 10 août, ô toi qui créa le génie de la République ! fais plus encore aujourd'hui, étouffe dans nos cœurs le germe des diviſions, & que le Français, oubliant ſes injures & ſes torts, ceſſe enfin de déchirer ſes entrailles ſur la tombe du royaliſme; accorde à ma Patrie ce nouveau bienfait, & nous aurons aſſez vécu pour la gloire & pour le bonheur !

Citoyens, rappelons-nous les auſpices funeſtes, ſous leſquels fut convoquée l'Aſſemblée légiſlative. Elle remplaçoit cette Aſſemblée conſtituante, dont les travaux ſont immortels, & qui fut ſublime juſques dans ſes fautes. Alors les rênes du Gouvernement étoient confiées à des mains perfides, & tout préſageoit une lutte terrible entre le deſpotiſme & la liberté. Déjà les émigrés réunis en corps d'armée, près des frontières, promettoient, aux Puiſſances qui leur donnoient aſyle, l'entrée facile ſur notre territoire; ils correſpondoient avec tout ce que les Départemens & les Troupes de ligne renfermoient encore d'ennemis de la liberté. Les prêtres rébelles préfentoient ces monftres aux ames fuperftitieufes, comme les inftrumens dont la Providence devoit fe fervir pour relever les droits du trône & ceux du facerdoce. Déjà la convention de Pilnitz appeloit tous les princes de l'Empire germanique à difputer au Peuple français l'exercice de fa fouveraineté; l'intérieur de la France annonçoit l'explofion prochaine d'une guerre civile & religieufe, dont une guerre étrangère augmenteroit bientôt les dangers.

Au milieu de cette crife funefte, l'Affemblée législative fe montrant digne de la Nation qu'elle repréfente, lance contre les émigrés & les prêtres factieux, des décrets févères, & force ainfi Louis XVI à fe prononcer pour ou contre le Peuple français. Mais que pouvoit-on attendre d'un tyran imbécille, entouré de tous les agens du crime! Il oppofe fon *veto* à la volonté nationale, & Coblentz applaudit au château des Tuileries. Dès ce moment, d'un bout de l'Empire à l'autre, le Peuple manifefte ces fombres inquiétudes, qui annoncent les orages, & les foupçons qui s'élèvent contre le Pouvoir exécutif, fe prononcent avec énergie.

Cependant la ligue des rois reprend une

activité nouvelle, & à la tête de cette ligue, paroît l'empereur, beau-frère du roi des Français, uni à la Nation par un traité utile à lui feul, que l'Assemblée constituante, trompée par le ministère, avoit maintenu, en sacrifiant, pour le conserver, l'espoir fondé d'une alliance avec la maison de Brandebourg. Il étoit temps enfin, & la sureté de l'État le commandoit impérieusement, que l'Assemblée Nationale exigeât de l'empereur la garantie des traités : mais la politique machiavélique de ce prince étoit de séparer le roi de la Nation, & de faire regarder la guerre contre le Peuple français, comme un secours donné à son allié. C'est ainsi que les tyrans ont toujours su s'entendre, quand il a fallu sacrifier les Peuples à leur fol orgueil. Il étoit donc impossible de douter des rapports intimes qui existoient entre le cabinet de Vienne & celui des Tuileries ; en effet, aucun désaveu public de toutes ces intrigues, aucun effort pour déjouer cette infâme conjuration des rois coalisés, n'avoit prouvé aux Français ni à l'Europe, que Louis XVI avoit sincèrement uni sa cause à celle de la Nation ; & pouvions-nous l'espérer encore, depuis sa fuite de Varennes, & la violation de tous ses sermens ? Il devoit peu lui en coûter fans doute, pour porter le dernier coup à la liberté expirante. Le moment étoit favorable, nos places frontières étoient dénuées d'armes & de munitions, quoique le traitre Narbonne eût affuré depuis long-temps au Corps légiflatif qu'elles préfentoient un état refpectable de défenfe ; nos armées étoient tourmentées par des divifions politiques, & leur fort abandonné à des généraux vendus à la cour. Louis XVI, perfuadé que l'inftant approche où les Français, vaincus par la force des armes, viendront expier au pied du trône, le crime d'avoir brifé leurs fers, propofe la guerre au Corps légiflatif, qui la décrète auffi-tôt.

Tu ne croyois pas, Louis XVI, que cette guerre, annoncée avec emphafe par les puiffances ennemies, comme devant être le tombeau de la liberté françaife, en feroit un jour le plus beau triomphe. Tes anciens alliés l'ont appris, & renonçant à l'efpoir de dominer un Peuple efclave, ils ont préféré la folide amitié d'un Peuple libre.

CITOYENS, nous touchons à cette époque célèbre dans l'hiftoire de la révolution, où la Nation françaife déploya un grand caractère. Ici la fcélérateffe du tyran fe développe dans toute fa profondeur, & les deſtinées de l'État courent les plus grands dangers. La formation d'un camp entre Paris & les frontières, étoit une difpoſition heureuſement combinée pour la défenſe extérieure, en même temps qu'elle ſervoit à raſſurer les Départemens, & à prévenir les troubles que leurs inquiètudes auroient pu produire. La formation de ce camp fut ordonnée par le Corps légiſlatif ; mais ce décret ſalutaire fut encore repouſſé par Louis XVI, qui, pour ajouter à l'indignaton publique, éloigna de ſa perſonne les miniſtres patriotes, qui formoient ſon conſeil.

La Conſtitution de 91 lui avoit accordé une garde de 1800 hommes ; cette garde inſolente, manifeſtoit avec audace un incivifme qui effrayoit les Citoyens ; la haine de la Liberté, de l'Égalité étoient les ſeuls titres pour y être admis. Les Repréſentans du Peuple ordonnent la ſuppreſſion de ce corps dangéreux pour la Liberté publique ; pour cette fois Louis XVI n'oſe pas réſiſter au vœu national ; mais en ſanctionnant le décret, il fait dans une proclamation hypocrite, l'éloge de ceux dont il vient de prononcer le licenciement, & qu'il a reconnu pour des hommes juſtement accuſés

A 4

d'être les ennemis de la patrie. Il les conferve fur l'état des militaires attachés à fon fervice, enforte que le même corps fe trouve en même-temps faire partie de l'armée de Coblentz, & partie de la maifon du roi des Français.

Tant de crimes d'une part, tant de fourberies de l'autre, jettent le défefpoir dans tous les cœurs; le Peuple de Paris fe leve en maffe, fe porte au château de Tuileries, & y conjure Louis XVI, au nom de la Patrie, de former fon confeil de miniftres intégres, & de révoquer le fatal *veto* appofé fur les derniers décrets du corps Légiflatif. Le tyran, toujours lâche, promet tout au Peuple, déclare qu'il fe croit en fûreté au milieu de lui, & arbore le figne de la Liberté. Les Citoyens fe retirent, ils font fatisfaits d'avoir proclamé dans le palais des rois des vérités utiles; mais il n'étoit plus temps, la ruine de la Patrie étoit jurée; auffi, dès le lendemain, Louis XVI change de langage; une proclamation calomnieufe eft affichée fur tous les murs de Paris; elle circule avec profufion dans les armées, & le général Lafayette accourut au nom de la fienne, pour fe déclarer le défenfeur du trône & défigner fes victimes. Déjà plufieurs Départemens, dans des arrêtés menaçans, laiffent entrevoir leur projet formé dès long-temps, de s'élever comme une puiffance intermédiaire entre le Peuple & fes Repréfentans, entre l'Affemblée nationale & le roi. Des juges de paix commencent dans le château même des Tuileries, une procédure ténébreufe, dans laquelle on efpère envelopper ceux des citoyens dont la cour redoute le plus la furveillance & les talens. Déjà l'un de ces juges a effayé de porter atteinte à l'inviolabilité des Repréfentans du Peuple, & tout annonce un plan adroitement combiné pour trouver dans l'ordre judiciaire un moyen sûr de donner à l'autorité royale une extenfion arbitraire. C'eft ainfi que Louis XVI, d'intelligence avec les ennemis du déhors, protège ouvertement ceux de l'intérieur; on les voit fe preffer autour de lui, fe rallier au pied du trône, obtenir feuls des emplois auprès de fa perfonne. L'entrée même du jardin fatal, où le farouche Lambefc verfa le premier le fang du Français combattant pour la Liberté, n'eft ouverte qu'à ceux qui ont produit leurs titres d'incivifme, & reçu la carte qui diftingue les chevaliers du poignard. Le même efprit règne, le même langage fe fait entendre à la cour des Tuileries

& à celle de Coblentz; même rôle, même intrigue, même moyen pour amener le même dénouement; le lieu de la scène, & le nom des acteurs n'y sont que changés. C'est donc ainsi que la générosité d'une nation, toujours grande envers celui même qui s'étoit fait un jeu cruel de trahir ses premiers sermens, n'a pas touché le cœur de Louis XVI. L'hérédité du trône conservée dans sa famille, l'inviolabilité consacrée dans sa personne, une liste civile, qui excède seule les revenus de plus d'un État de l'Europe, la distribution de toutes les graces, le fatal pouvoir de paraliser les opérations des Représentans; tant de prérogatives, toutes plus alarmentes les unes que les autres pour la Liberté, ne sont considérées par lui que comme les débris d'une puissance échappée de ses mains, & qu'il veut reconquérir dans des flots de sang. Va, perfide, tu ne jouiras pas long-temps du prix de tes forfaits; rassemble dans ton palais tes vils esclaves, apprends-leur encore l'horrible manière d'assassiner les Citoyens en feignant de fraterniser avec eux, prépare, dans le silence de la trahison, tous les instrumens de mort & de vengeance. C'en est fait, les Français seront libres, & bientôt la République sera proclamée sur les débris du trône.

Fédérés de tous les Départemens, courageux Bretons, & vous intrépides Marseillais, entendez la voix des Représentans du Peuple; ils ont déclaré la Patrie en danger, son salut n'est pas dans ce moment sur les frontières, il est dans le château des Tuileries; c'est-là qu'il faut vaincre ou périr. C'est en vain que le Cops législatif, entravé par les formes constitutionnelles, balance encore les destinées de l'État, en discutant la suspension ou la déchéance du chef suprême du Pouvoir exécutif. La Constitution n'a pas prévu que le tyran féroce assassineroit la Patrie; il faut donc que la Patrie l'enchaîne, & soit vengée.

Déjà je vois accourir de tous les points de la France, les amis, les défenseurs de la liberté; ils embrassent leurs frères de Paris, se pressent dans leurs rangs; & ce touchant accord des esprits & des cœurs, annonce aux satellites du tyran que bientôt ils seront forcés dans leur sombre repaire. Le signal est donné, les colonnes du Peuple s'ébranlent; le père, comme le fils; la mère, comme la fille, tous brûlent de partager le péril commun. O vous! Citoyens, courageux défenseurs qui m'entendez, s'il en est parmi vous qui aient combattu dans cette journée mémorable, qu'il m'aide à raconter les actions héroïques qui ont fixé la victoire dans les rangs des patriotes ! mais, que dis-je ? cette victoire appartient toute entière au Peuple français. Jamais il ne fut plus grand que dans cet instant sublime, où le tyran vaincu se rendit dans le sein de la Représentation nationale, pour y cacher son opprobre & sa défaite. Il entendit alors les imprécations d'un Peuple justement irrité, d'un Peuple que les vils instrumens de ses vengeances venoient encore d'assassiner par l'effet de la trahison la plus noire. Faut-il vous retracer encore cette scène affreuse où les Citoyens crédules, abusés par les propositions faussement amicales des chevaliers du poignard, envoyèrent des députés pour fraterniser avec eux. Voyez-les pénétrer dans cet antre du despotisme ; à peine y sont-ils entrés, que les portes se ferment sur leurs pas ; on les immole à la vengeance royale, & à l'instant la mort & la terreur, vomies de tous les points du château des Tuileries, annoncent au Peuple la réalité de cet horrible forfait. Bourreaux de vos Concitoyens, tigres altérés du sang français, vous ne résisterez pas long-temps au courage de nos héros. Ils s'élancent avec la rapidité de l'éclair sur les retranchemens des affassins, enfoncent les portes de leur demeure, & les mânes des Citoyens lâchement égorgés, sont enfin vengées. Ombres de nos frères, recevez nos sermens: haine, haine éternelle à la royauté dont vous fûtes les victimes!

Citoyens, considérez ce qu'il en coûte à une Nation, pour avoir eu le malheur d'exister sous un tyran; un Peuple esclave ne peut briser ses fers que dans les orages d'une révolution, qui, lors même qu'elle est heureuse, laisse toujours après elle, de longs, de douloureux souvenirs. Sans doute des maux invétérés ne se détruisent pas sans de violentes secousses; tant d'intérêts froissés, tant de passions comprimées, entraînent quelquefois des mouvemens convulsifs, & une régénération politique & morale, ne sauroit s'opérer sans quelques déchiremens: nous en avons acquis les funestes expériences, & le dernier bienfait du tyran, fut de nous léguer, en expiant ses forfaits, tous les maux qui suivent le passage de l'état de révolution à celui d'un gouvernement constitutionnel. Son ombre hideuse parut s'attacher sur les pas des premiers fondateurs de la République, & ils ont été presques tous sacrifiés sur la tombe du royalisme. Vergniaud, Genfonné, Camille, Philipeau, &

tant d'autres, vous fûtes ses premières victimes, & l'on voit ce monftre paroître jufques dans le fein de la Repréfentation nationale pour l'anéantir, tantôt empruntant les formes dégoûtantes de l'anarchie, tantôt fe parant des habits dorés du 13 vendémiaire. O jours défaftreux ! jours de deuil & de fang, puifliez-vous être toujours préfens à la mémoire des Peuples qui combattent pour leur liberté, comme une leçon utile & falutaire, capable de les préferver des orages terribles qui nous ont fi long-temps agités, & épouvanter tous les tyrans qui voudroient exercer fur leurs Concitoyens un pouvoir ufurpé !

Citoyens, le defpotifme n'eft plus, il faut donc que tous les élémens de la révolution fe mettent en harmonie avec le gouvernement conftitutionnel ; il faut que la loi feule devienne le mobile de nos volontés & de nos actions, & que la liberté individuelle s'arrête au point où elle commence à dégénérer en licence. Plus de ces agitations paffagères, de ces paffions difcordantes, & fur-tout de ces dénominations ridicules, que le royalifme a lancées au milieu de nous, pour mieux défigner fes victimes ; que la guerre des mots ceffe enfin, elle n'a que trop enfanglanté la France. S'il eſt encore des cœurs haineux qui conſervent l'eſpoir de la vengeance, qu'ils fuient loin de nous, qu'ils aillent dans les déſerts brulans de l'Afrique, diſputer aux animaux féroces les membres palpitans des victimes qu'ils déchirent. Les amis de la liberté, qui font auſſi les enfans chéris de la nature, ne veulent plus former qu'une feule famille, unie par les mêmes fen- timens, dirigée par la même impulſion. Français, opérons dans ce jour cette ſublime réaction, & qu'elle ſoit la dernière. Donnons à nos enfans, à cette tendre jeuneſſe qui nous entoure, le ſpectacle touchant d'une réunion ſincère, & qu'elle diſe un jour : « le royaliſme étoit parvenu „ à diviſer nos pères, mais le 23 thermidor de „ l'an IV, ils abjurèrent, ſur l'autel de la Patrie, „ leurs torts & leurs erreurs. „

Citoyens, régénérons auſſi les mœurs publi- ques, en honorant les talens, en ſubſtituant aux tranſports aveugles de la haine, à la ſoif de la vengeance, les douces affections ſociales, en inſtruiſant le peuple qu'on a voulu démo- raliſer & abrutir. Que la République françaiſe ſoit grande par ſes lumières, comme par ſes victoires. Vous le favez, l'ignorance eſt la mère de toutes les erreurs, & la conseillère de tous les crimes; c'est elle qui a divisé nos familles, & arboré l'étendart sanglant du fanatisme & de l'anarchie ; qu'elle soit proscrite, & que dans tous les départemens on voie se développer le germe des talens, qui nous donneront bientôt des juges intégres, & des administrateurs éclairés. C'est de vous, instituteurs de la jeunesse, que la Patrie attend ce dernier effort. Naturalisez, dans le cœur de vos élèves, la haine des rois, & l'amour des vertus sociales; qu'au récit des actions héroïques de nos braves défenseurs, ou de celles non moins utiles, des généreux Citoyens qui ont servi la cause de l'humanité, leur ame s'ouvre au sentiment de l'admiration & de la reconnoissance. Promettez enfin, en présence des Autorités constituées, & c'est le gouvernement qui l'exige de vous, *de n'inspirer à vos élèves que des sentimens républicains, du respect pour les vertus, les talens, le courage, & de la reconnoissance pour les fondateurs de la République.*

Ce discours, qui a pénétré toutes les ames, a été souvent interrompu par les marques d'approbation & d'assentiment général de la part d'un peuple immense qui couvroit la place ; tout annonçoit la réunion des cœurs, & des cris unanimes & répétés long-temps de *vive la République*, ont été fuivis de la demande de l'impreffion d'un difcours qui doit faire difparoître les haines & les vengeances, pour faire place à cette douce union & ne former de tous les Français qu'une famille de frères & d'amis.

Les Profeffeurs des Écoles centrales & les Inftituteurs de la Jeuneffe, qui, avec leurs Élèves, entouroient l'eftrade, ont enfuite contracté l'engagement de n'infpirer à leurs Élèves que des fentimens républicains, du refpect pour les vertus, le talent, le courage & de la reconnoiffance pour les Fondateurs de la République.

Cet engagement folennel a été fuivi par des chants patriotiques.

Le cortège eft enfuite retourné, avec le même ordre, dans la falle décadaire, & au fon d'une mufique qui exprimoit la victoire remportée par la liberté fur la tyrannie. Parvenu dans cette falle, la Fête du matin a été terminée par cet hymne des Marfeillais dont les expreffions brûlantes ont toujours enflammé le cœur des Défenfeurs de la Patrie, & ce couplet chéri des amans de la liberté, a été fur-tout rendu avec cet enthoufiafme qui caractérife les vrais Républicains.

A deux heures après midi du même jour, l'Adminiftration départementale & toutes les Autorités civiles & militaires s'étant pareillement réunies dans la même falle décadaire, le cortège s'eft formé, comme le matin, précédé de tymbales & trompettes, de muficiens, de Vétérans, de détachemens de la Garde nationale fédentaire & en activité, de groupes de jeunes filles & de jeunes garçons, de Citoyens qui devoient s'exercer dans les jeux, de pères & mères des Défenfeurs de la Patrie, d'Inftituteurs & Inftitutrices avec leurs Élèves, & enfin d'un char portant les débris des emblêmes de la royauté, avec le drapeau blanc fleurdelifé traînant à terre, & d'un groupe de militaires bieffés.

Le cortège arrivé à Chammars près l'Autel de la Patrie, on y a chanté des hymnes patriotiques; enfuite, les Autorités conftituées, les Juges des jeux & les pères & mères des Défenfeurs de la Patrie, placés dans les endroits qui leur avoient été défignés, des courfes à pied ont été exécutées; ces courfes finies, le tirage à balles franches d'un oifeau placé fur une perche très-élevée, a fuccédé, & cet exercice a été fuivi de celui de tirer à la cible. Les vainqueurs ont été couronnés par le Préfident de l'Adminiftration centrale & aux acclamations publiques; des danfes champêtres, qui ont duré jufqu'à la nuit, ont terminé la Fête. La gaieté, la décence & l'égalité qui y ont regné, ont réjoui tous les cœurs & ont rappellé l'âge d'or.

L'Adminiftration retirée dans le lieu de fes féances, a dreffé le préfent procès-verbal, & a arrêté qu'il feroit imprimé, envoyé au Miniftre de l'intérieur & à toutes les Autorités & Communes du reffort.

Signé, RAMBOUR, *Préfident ;* MASSON, PERRIGUEY, BESSON, QUIROT, *Commiffaire du Directoire exécutif*; & HANNIER, *Secrétaire en chef.*

A Befançon, de l'imprimerie de COUCHÉ.